Impressum
Verlag: BABADADA GmbH, Nedderfeld 112 , 22529 Hamburg
Geschäftsführer / Verlagsleitung: Harald Hof
Druck: Books on Demand GmbH, In de Tarpen 42, 22848 Norderstedt

Imprint
Publisher: BABADADA GmbH, Nedderfeld 112 , 22529 Hamburg, Germany
Managing Director / Publishing direction: Harald Hof
Print: Books on Demand GmbH, In de Tarpen 42, 22848 Norderstedt, Germany

skola

skole

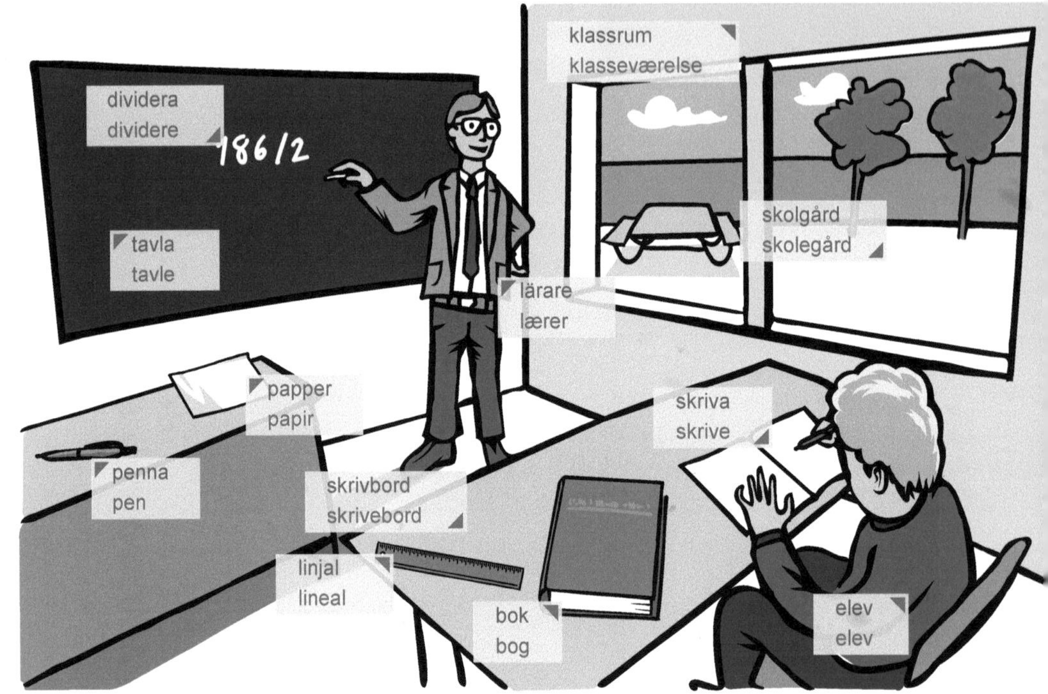

klassrum
klasseværelse
dividera
dividere
186/2
tavla
tavle
skolgård
skolegård
lärare
lærer
papper
papir
skriva
skrive
penna
pen
skrivbord
skrivebord
linjal
lineal
bok
bog
elev
elev

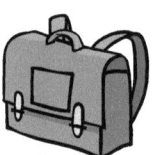

skolväska

skoletaske

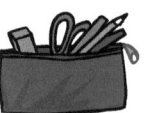

pennfodral

penalhus

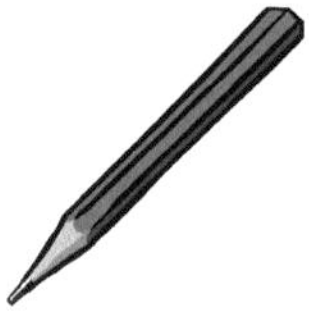

blyertspenna

blyant

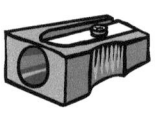

pennvässare

blyantspidser

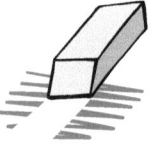

suddgummi

viskelæder

ritblock

tegneblok

teckning

tegning

pensel

pensel

målarlåda

æske med vandfarver

sax

saks

lim

lim

övningsbok

opgavehefte

hemläxa

lektie

12

tal

tal

2+2

addera

addere

5-2

subtrahera

subtrahere

2×2

multiplicera

multiplicere

räkna

regne

A

bokstav

bogstav

ABCDEFG HIJKLMN OPQRSTU VWXYZ

alfabet

alfabet

ord

ord

text

tekst

läsa

læse

krita

kridt

lektion

time

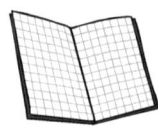

register

klasseprotokol

prov

eksamen

intyg

karakterbog

skoluniform

skoleuniform

utbildning

uddannelse

uppslagsverk

leksikon

universitet

universitet

mikroskop

mikroskop

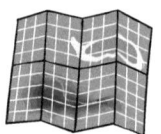

karta

kort

papperskorg

papirkurv

hotell
hotel

Grand

vandrarhem
herberg

ROOMS

växelkontor
vekselkontor

EXCHANGE

resväska
kuffert

bil
bil

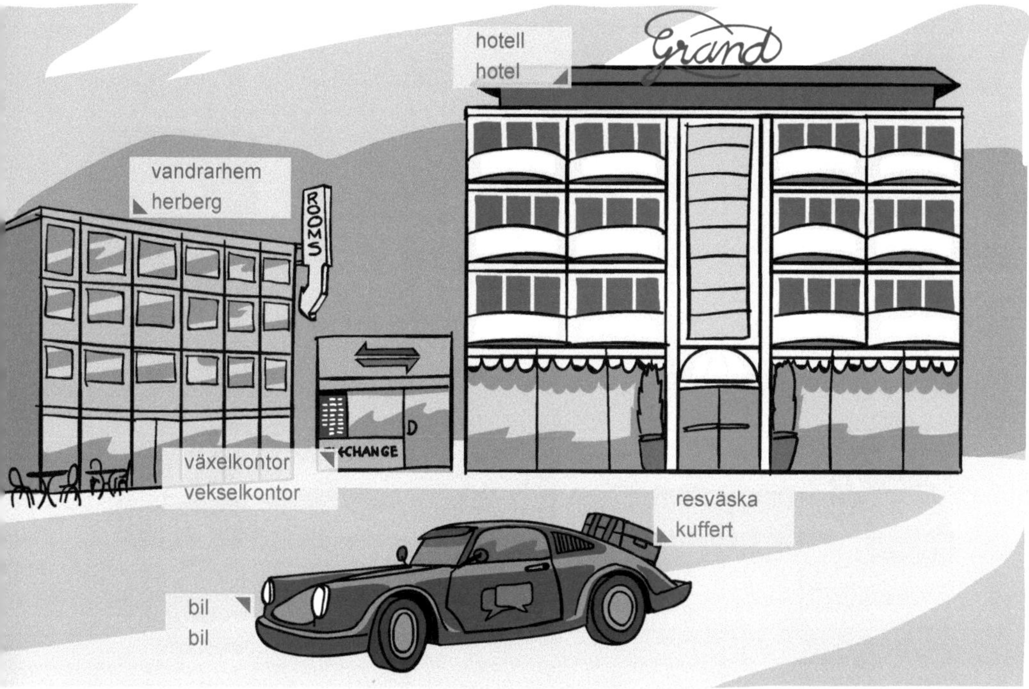

språk
sprog

ja / nej
ja / nej

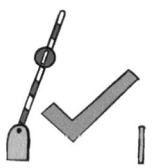

Okay
okay

hej
hej

översättare
oversætter

Tack
tak

hur mycket kostar...?

hvad koster...?

jag förstår inte

Jeg forstår ikke

problem

problem

God kväll!

God aften!

God morgon!

God morgen!

God natt!

God nat!

hejdå

farvel

riktning

retning

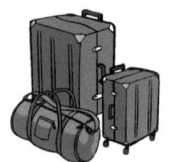

bagage

bagage

väska

taske

ryggsäck

rygsæk

gäst

gæst

rum

værelse

sovsäck

sovepose

tält

telt

turistinformation
turistinformation

strand
strand

kreditkort
kreditkort

frukost
morgenmad

lunch
middagsmad

middag
aftensmad

biljett
billet

hiss
elevator

frimärke
frimærke

gräns
grænse

tull
told

ambassad
ambassade

visum
visum

pass
pas

transport
transport

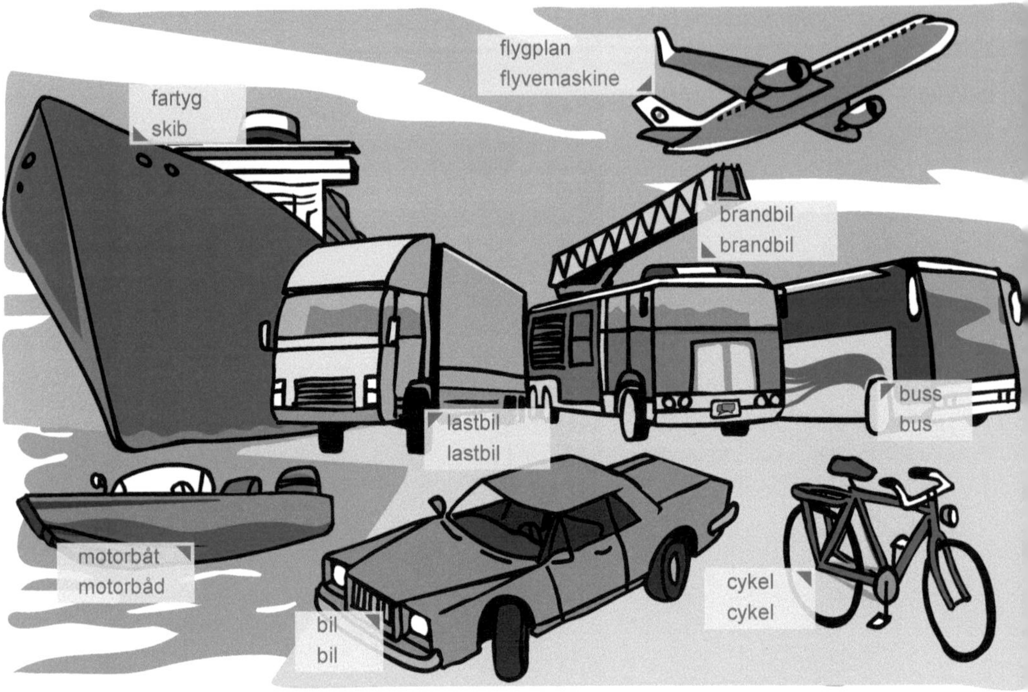

flygplan
flyvemaskine
fartyg
skib
brandbil
brandbil
buss
bus
lastbil
lastbil
motorbåt
motorbåd
cykel
cykel
bil
bil

färja

færge

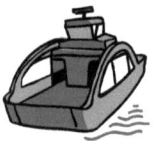

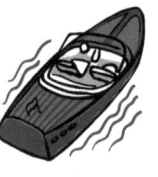

båt

båd

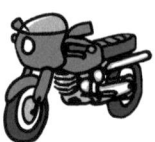

motorcykel

motorcykel

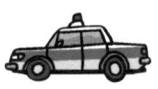

polisbil

politibil

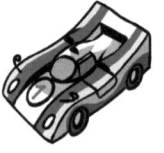

racerbil

racerbil

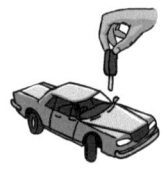

hyrbil

lejebil

bilpool

samkørsel

bärgningsbil

kranbil

sopbil

skraldebil

motor

motor

bränsle

benzin

bensinstation

tankstation

vägmärke

trafikskilt

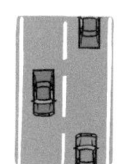

trafik

trafik

bilkö

trafikprop

parkeringsplats

parkeringsplads

tågstation

banegård

räls

skinner

tåg

tog

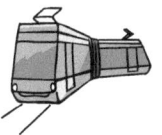

spårvagn

sporvogn

vagn

wagon

helikopter
helikopter

flygplats
lufthavn

torn
tårn

passagerare
passager

container
container

kartong
karton

vagn
kærre

korg
kurv

starta / landa
starte / lande

stad
by

by
landsby

centrum
bymidte

hus
hus

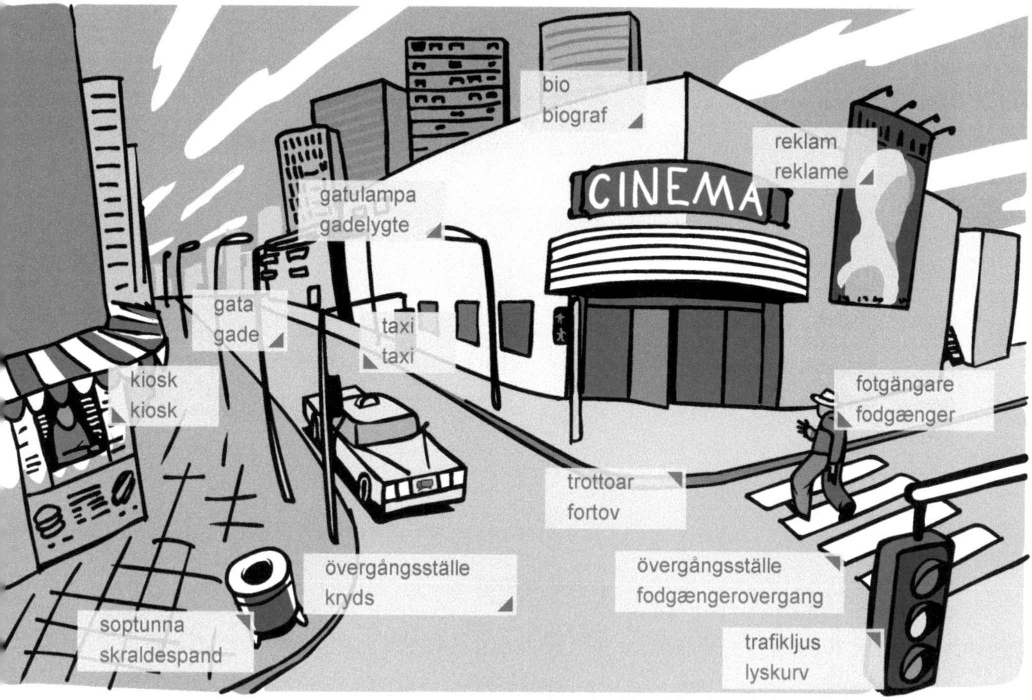

bio
biograf

reklam
reklame

gatulampa
gadelygte

CINEMA

gata
gade

taxi
taxi

kiosk
kiosk

fotgängare
fodgænger

trottoar
fortov

övergångsställe
kryds

övergångsställe
fodgængerovergang

soptunna
skraldespand

trafikljus
lyskurv

stuga
hytte

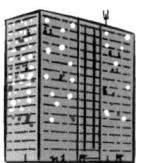

lägenhet
lejlighed

tågstation
banegård

stadshus
rådhus

museum
museum

skola
skole

stad - by

universitet
universitet

bank
bank

sjukhus
sygehus

hotell
hotel

apotek
apotek

kontor
kontor

bokhandel
boghandel

affär
butik

blomsterbutik
blomsterbutik

stormarknad
supermarked

marknad
marked

varuhus
stormagasin

fiskhandlare
fiskehandler

köpcentrum
butikscenter

hamn
havn

park
park

bänk
bænk

brygga
bro

trappa
trappe

tunnelbana
undergrundsbane

tunnel
tunnel

busshållplats
busstoppested

bar
barnevogn

restaurang
restaurant

brevlåda
postkasse

gatuskylt
vejskilt

parkeringsautomat
parkometer

zoo
zoo

simbassäng
badeanstalt

moské
moske

bondgård
bondegård

förorening
miljøforurening

kyrkogård
kirkegård

kyrka
kirke

lekplats
legeplads

tempel
tempel

landskap
landskab

löv
blad

vägskylt
vejviser

väg
vej

äng
eng

sten
sten

träd
træ

liftare
vandrer

flod
flod

gräs
græs

blomma
blomst

dal
dal

kulle
bjerg

sjö
sø

skog
skov

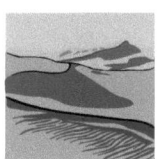

öken
ørken

vulkan
vulkan

slott
slot

regnbåge
regnbue

svamp
svamp

palm
palme

mygga
moskito

fluga
flue

myra
myre

bi
bi

spindel
edderkop

landskap - landskab   15

skalbagge

bille

groda

frø

ekorre

egern

igelkott

pindsvin

hare

hare

uggla

ugle

fågel

fugl

svan

svane

vildsvin

vildsvin

rådjur

hjort

älg

elg

damm

dæmning

vindkraftverk

vindmølle

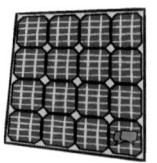

solcellspanel

solcellemodul

klimat

klima

restaurang
restaurant

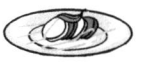

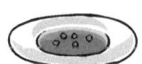

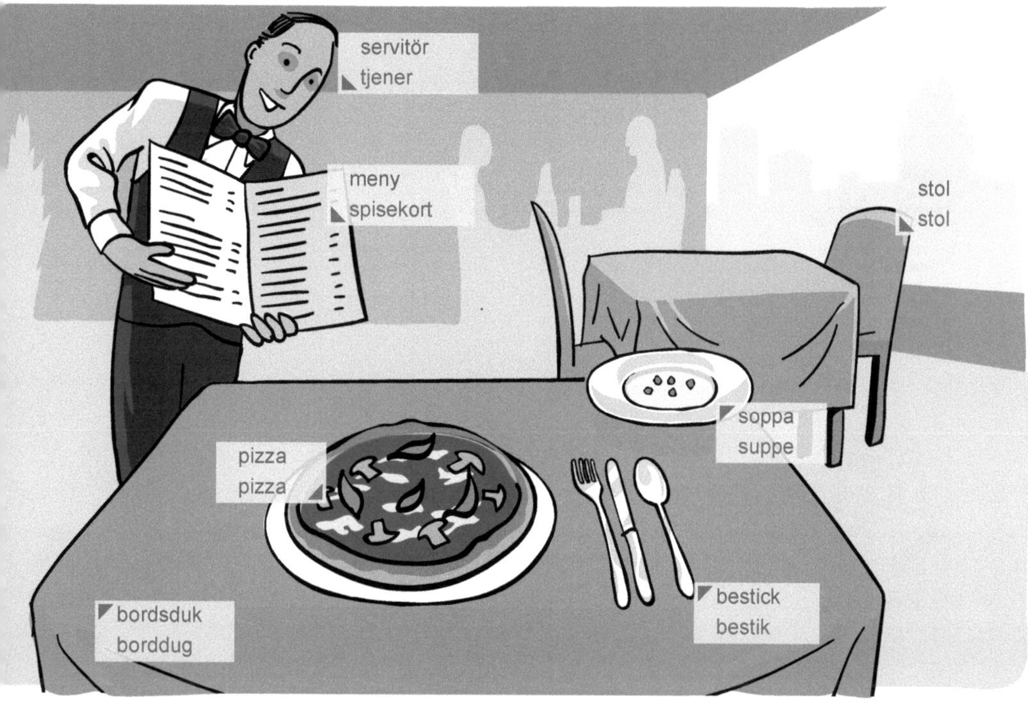
servitör
tjener
meny
spisekort
stol
stol
soppa
suppe
pizza
pizza
bestick
bestik
bordsduk
borddug

förrätt

forret

huvudrätt

hovedret

dessert

dessert

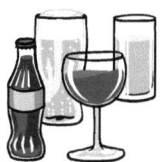

drycker

drikkevarer

mat

mad

flaska

flaske

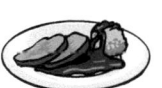

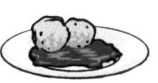

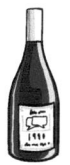

snabbmat

fastfood

street food

streetfood

tekanna

tekande

sockerskål

sukkerdåse

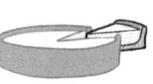

portion

portion

espressomaskin

espressomaskine

barnstol

barnestol

räkning

faktura

bricka

tablet

kniv

kniv

gaffel

gaffel

sked

ske

tesked

teske

servett

serviet

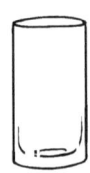

glas

glas

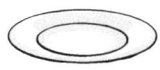

tallrik

tallerken

sopptallrik

dyb tallerken

tefat

underkop

sås

sovs

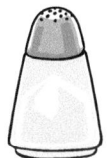

saltkar

saltbøsse

pepparkvarn

peberkværn

vinäger

eddike

olja

olie

kryddor

krydderier

ketchup

ketchup

senap

sennep

majonnäs

mayonnaise

stormarknad
supermarked

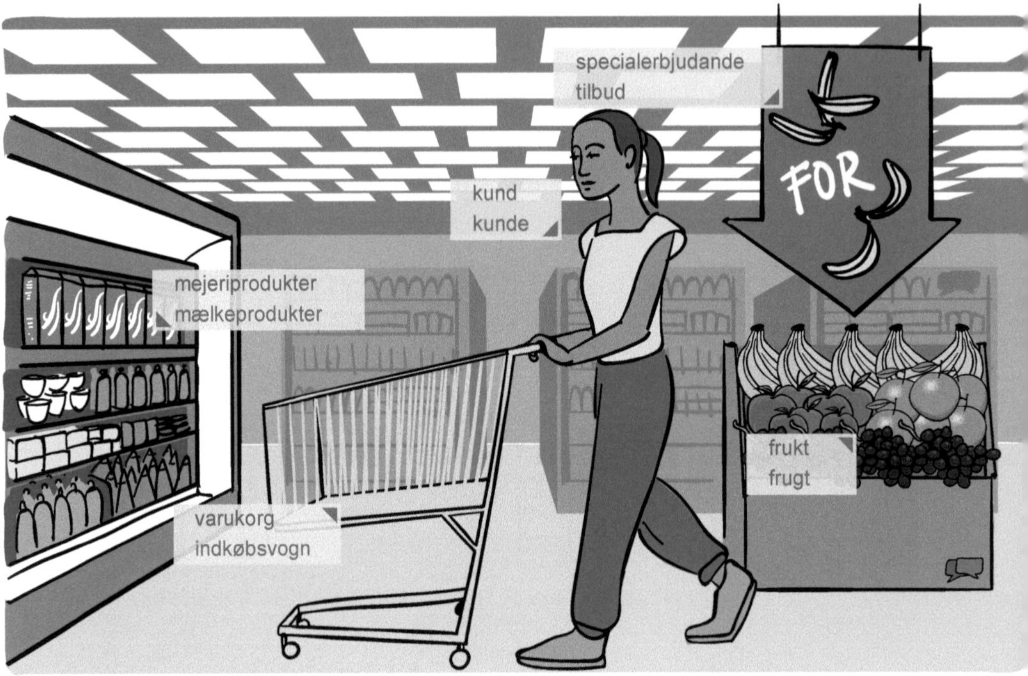

specialerbjudande
tilbud

kund
kunde

mejeriprodukter
mælkeprodukter

FOR

frukt
frugt

varukorg
indkøbsvogn

charkuteri

slagter

bageri

bageri

väga

veje

grönsaker

grøntsager

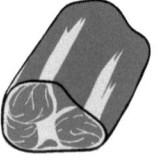

kött

kød

frysta livsmedel

frostvarer

pålägg
pålæg

konserver
konserves

tvättmedel
vaskemiddel

godis
slik

hushållsprodukter
husholdningsvarer

rengöringsmedel
rengøringsmidler

försäljare
ekspedient

kassa
kasse

kassör
kasserer

inköpslista
indkøbsliste

öppettider
åbningstider

plånbok
tegnebog

kreditkort
kreditkort

väska
taske

plastpåse
plasticpose

vatten

vand

juice

saft

mjölk

mælk

cola

cola

vin

vin

öl

øl

alkohol

alkohol

kakao

kakao

te

te

kaffe

kaffe

espresso

espresso

cappuccino

cappuccino

banan

banan

äpple

æble

apelsin

appelsin

melon

melon

citron

citron

morot

gulerod

vitlök

hvidløg

bambu

bambus

lök

løg

svamp

svamp

nötter

nødder

nudlar

nudler

spaghetti

spaghetti

ris

ris

sallad

salat

pommes frites

pomfritter

stekt potatis

stegte kartofler

pizza

pizza

hamburgare

hamburger

smörgås

sandwich

schnitzel

schnitzel

skinka

skinke

salami

salami

korv

pølse

kyckling

kylling

stek

steg

fisk

fisk

havregryn

havregryn

müsli

mysli

cornflakes

cornflakes

mjöl

mel

croissant

croissant

fralla

rundstykke

bröd

brød

rostat bröd

toast

kex

kiks

smör

smør

kvarg

kvark

kaka

kage

ägg

æg

stekt ägg

spejlæg

ost

ost

glass

is

socker

sukker

honung

honning

sylt

marmelade

nougatkräm

nougat-creme

curry

karry

bondgård
bondegård

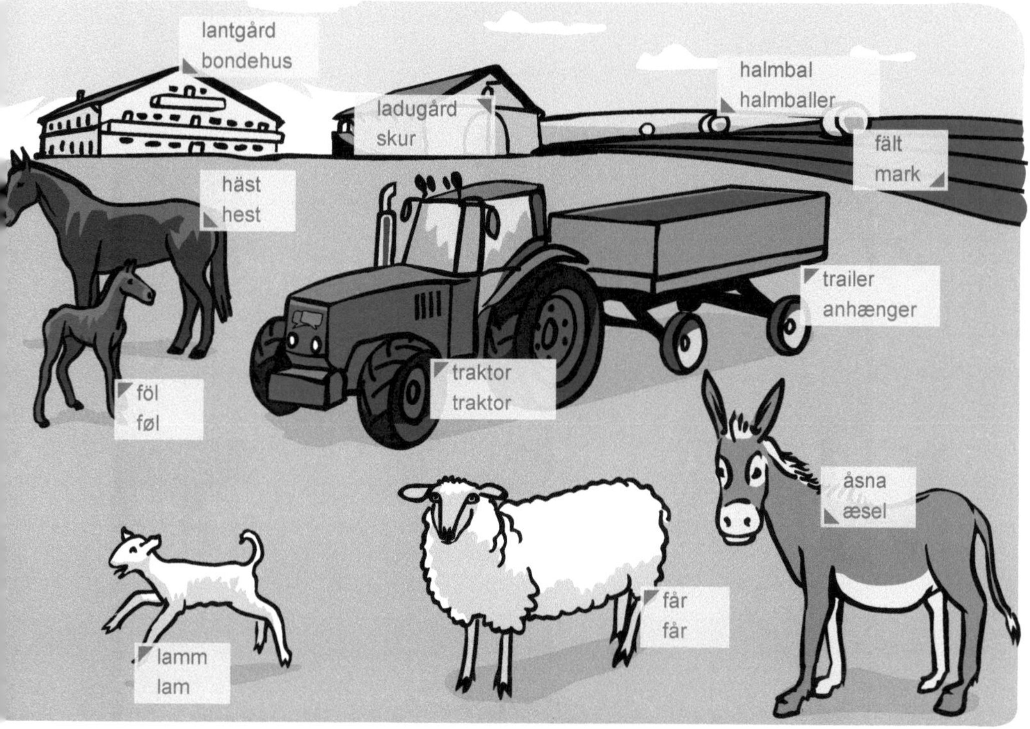
lantgård
bondehus
ladugård
skur
halmbal
halmballer
fält
mark
häst
hest
trailer
anhænger
traktor
traktor
föl
føl
åsna
æsel
får
får
lamm
lam

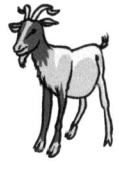

get

ged

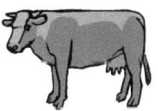

ko

ko

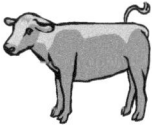

kalv

kalv

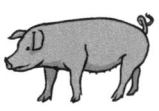

gris

svin

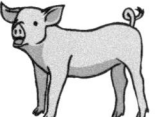

griskulting

gris

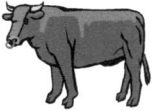

tjur

tyr

gås
gås

anka
and

kyckling
kylling

höna
høne

tupp
hane

råtta
rotte

katt
kat

mus
mus

oxe
okse

hund
hund

hundkoja
hundehus

trädgårdsslang
haveslange

vattenkanna
vandkande

lie
le

plog
plov

skära
segl

hacka
hakkejern

högaffel
møggreb

yxa
økse

skottkärra
trillebør

tråg
trug

mjölkflaska
mælkekande

säck
sæk

staket
hæk

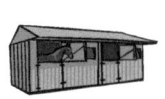

stall
stald

växthus
drivhus

jord
jord

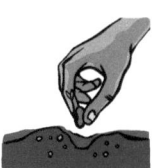

säd
frø

gödsel
gødning

skördetröska
mejetærsker

skörda

høste

skörd

høst

jams

yams

vete

hvede

soja

soja

potatis

kartoffel

majs

majs

raps

raps

fruktträd

frugttræ

maniok

maniok

spannmål

korn

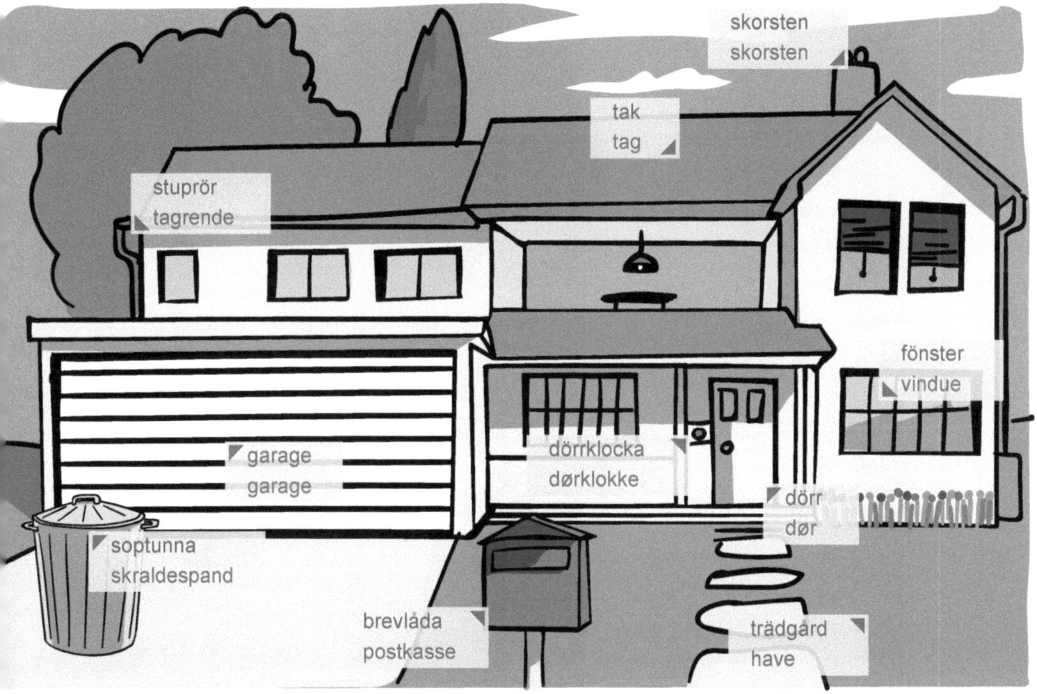

skorsten
skorsten

tak
tag

stuprör
tagrende

fönster
vindue

garage
garage

dörrklocka
dørklokke

dörr
dør

soptunna
skraldespand

brevlåda
postkasse

trädgård
have

vardagsrum
....
stue

badrum
....
badeværelse

kök
....
køkken

sovrum
....
soveværelse

barnrum
....
børneværelse

matsal
....
spisestue

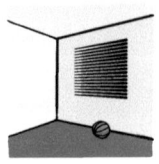

golv
gulv

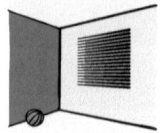

vägg
væg

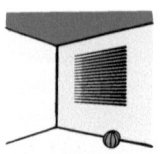

tak
loft

källare
kælder

bastu
sauna

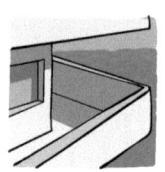

balkong
altan

terrass
terrasse

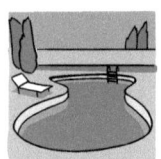

bassäng
svømmehal

gräsklippare
plæneklipper

lakan
dynebetræk

överkast
dyne

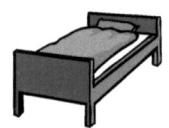

säng
seng

kvast
kost

hink
spand

strömbrytare
kontakt

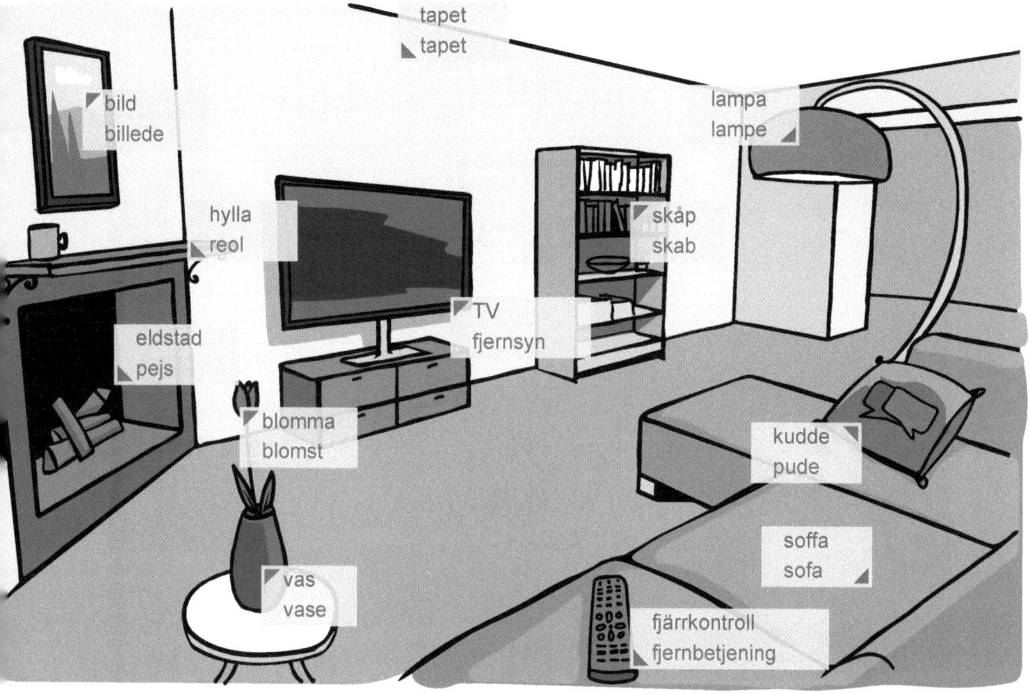

tapet
tapet

bild
billede

lampa
lampe

hylla
reol

skåp
skab

eldstad
pejs

TV
fjernsyn

blomma
blomst

kudde
pude

soffa
sofa

vas
vase

fjärrkontroll
fjernbetjening

matta
gulvtæppe

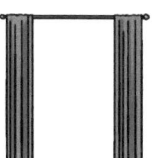

gardin
gardin

bord
bord

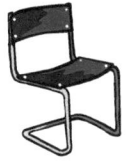

stol
stol

gungstol
gyngestol

fåtölj
lænestol

bok

bog

filt

tæppe

dekoration

dekoration

vedträ

brænde

film

film

stereoanläggning

stereoanlæg

nyckel

nøgle

dagstidning

avis

målning

maleri

poster

plakat

radio

radio

anteckningsbok

notesblok

dammsugare

støvsuger

kaktus

kaktus

stearinljus

lys

kök

køkken

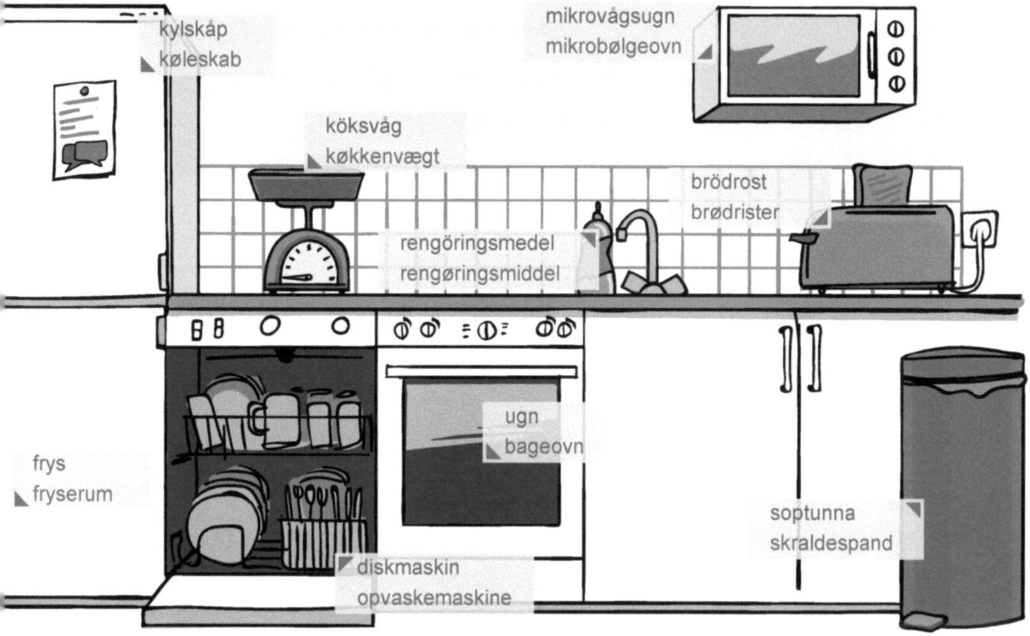

kylskåp
køleskab
mikrovågsugn
mikrobølgeovn
köksvåg
køkkenvægt
brödrost
brødrister
rengöringsmedel
rengøringsmiddel
ugn
bageovn
frys
fryserum
soptunna
skraldespand
diskmaskin
opvaskemaskine

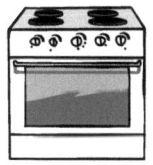

spis

komfur

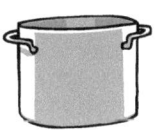

kastrull

gryde

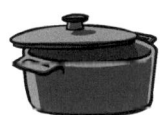

järngryta

jerngryde

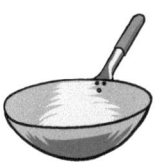

wok / kadai

wok / kadai

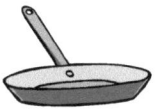

stekpanna

pande

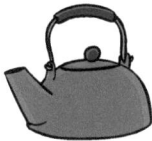

vattenkokare

elkedel

ångkokare
dampkoger

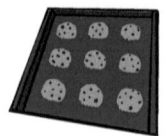

bakplåt
bageplade

porslin
service

mugg
bæger

skål
skål

ätpinnar
spisepinde

soppslev
øseske

stekspade
paletkniv

visp
piskeris

durkslag
dørslag

sil
si

rivjärn
rive

mortel
morter

grill
grille

brasa
ildsted

skärbräda
skærebræt

kavel
kagerulle

korkskruv
proptrækker

burk
dåse

burköppnare
dåseåbner

grytlapp
grydelap

vask
køkkenvask

borste
børste

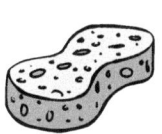

svamp
svamp

mixer
blender

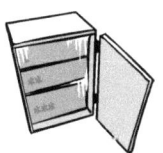

frys
dybfryser

nappflaska
sutteflaske

kran
vandhane

kök - køkken

badrum

badeværelse

värme
radiator
dusch
brusebad
handduk
håndklæde
duschdraperi
bruserforhæng
bubbelbad
skumbad
badkar
badekar
glas
glas
tvättmaskin
vaskemaskine
kran
vandhane
kakel
fliser
potta
tissepotte
vask
køkkenvask

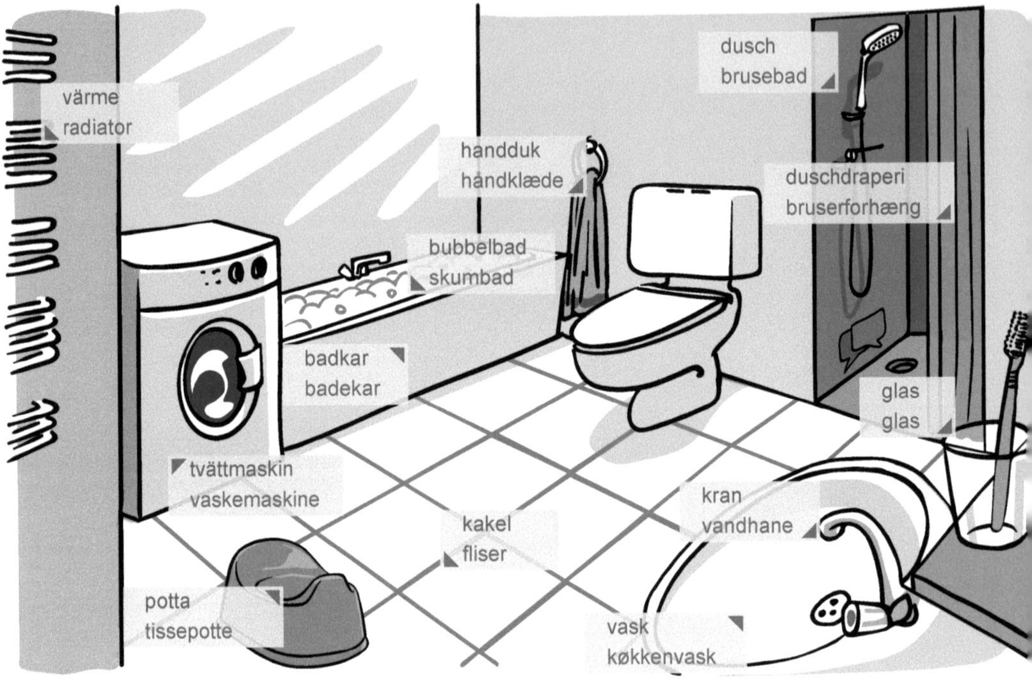

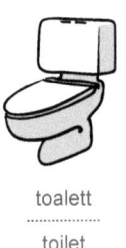

toalett

toilet

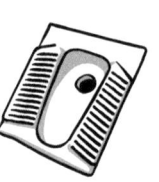

låg toalett

hugsiddende toilet

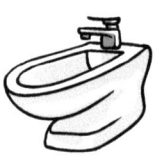

bidet

bidet

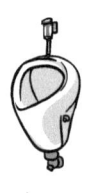

pissoar

pissoir

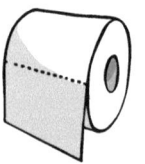

toalettpapper

toiletpapir

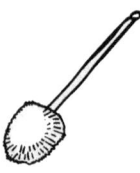

toalettborste

toiletbørste

tandborste
tandbørste

tandkräm
tandpasta

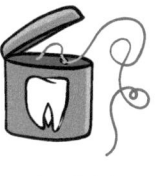

tandtråd
tandtråd

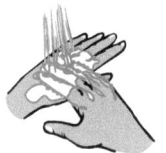

tvätta
vaske

handdusch
håndbruser

intimdusch
intimbruser

handfat
vaskefad

ryggborste
badebørste

tvål
sæbe

duschgel
brusegele

schampo
shampoo

trasa
vaskeklud

avlopp
afløb

crème
creme

deodorant
deodorant

spegel

spejl

handspegel

kosmetikspejl

rakhyvel

barberhøvl

raklödder

barberskum

rakvatten

barbervand

kam

kam

borste

børste

hårtork

hårtørrer

hårspray

hårspray

smink

makeup

läppstift

læbestift

nagellack

neglelak

bomullsvadd

vat

nagelsax

neglesaks

parfym

parfume

necessär
toilettaske

pall
skammel

våg
vægt

badrock
badekåbe

gummihandskar
gummihandsker

tampong
tampon

binda
damebind

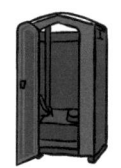

kemisk toalett
kemisk toilet

barnrum
børneværelse

väckarklocka
vækkeur
gosedjur
bamse
leksaksbil
legetøjsbil
skallra
skralde
dockhus
dukkehus
present
gave

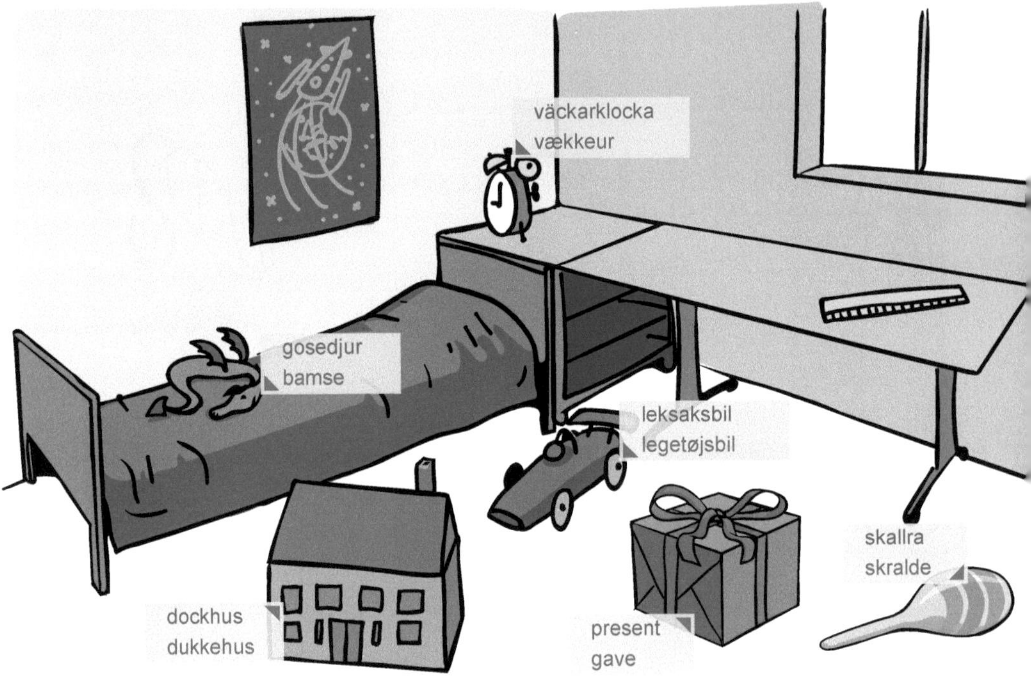

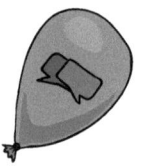

ballong

ballon

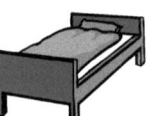

säng

seng

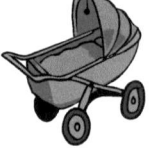

barnvagn

barnevogn

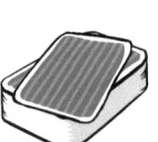

kortlek

kortspil

pussel

puslespil

SUPER
MEGA

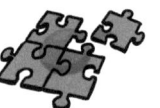

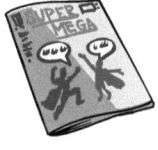

serietidning

tegneserie

legobitar

legoklodser

klossar

byggeklodser

actionfigur

action figur

sparkdräkt

sparkedragt

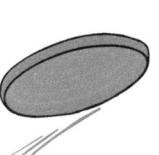

frisbee

frisbee

mobil

uro

brädspel

brætspil

tärning

terning

modelljärnväg

modeljernbane

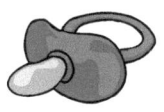

napp

sut

party

fest

bilderbok

billedbog

boll

bold

docka

dukke

spela

lege

sandlåda

sandkasse

gunga

gynge

leksaker

legetøj

spelkonsol

spillekonsol

trehjuling

trehjulet cykel

nalle

bamse

garderob

klædeskab

kläder

tøj

sockar

sokker

strumpor

strømper

tights

strømpebukser

halsduk
sjal

paraply
paraply

t-shirt
T-shirt

bälte
bælte

stövlar
støvler

tofflor
hjemmesko

sneakers
sneakers

sandaler	skor	gummistövlar
sandaler	sko	gummistøvler

underbyxor	BH	linne
underbukser	BH	undertrøje

body
body

byxor
bukser

jeans
jeans

kjol
nederdel

blus
bluse

skjorta
skjorte

pullover
pullover

sweater
sweatshirt

blazer
blazer

jacka
jakke

kappa
frakke

regnjacka
regnfrakke

dräkt
kostume

klänning
kjole

bröllopsklänning
brudekjole

kostym

jakkesæt

nattlinne

nattrøje

pyjamas

pyjamas

sari

sari

slöja

hovedtørklæde

turban

turban

burka

burka

kaftan

kaftan

abaya

abaya

baddräkt

badedragt

badbyxor

badebukser

shorts

korte bukser

träningsoverall

træningsdragt

förkläde

forklæde

handskar

handsker

knapp

knap

glasögon

briller

armband

armbånd

halsband

kæde

ring

ring

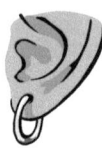

örhänge

ørering

mössa

hue

galge

bøjle

hatt

hat

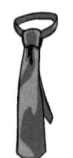

slips

slips

dragkedja

lynlås

hjälm

hjelm

hängslen

seler

skoluniform

skoleuniform

uniform

uniform

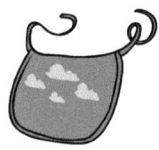

haklapp

hagesmæk

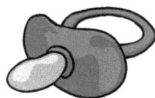

napp

sut

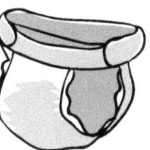

blöja

ble

kontor

kontor

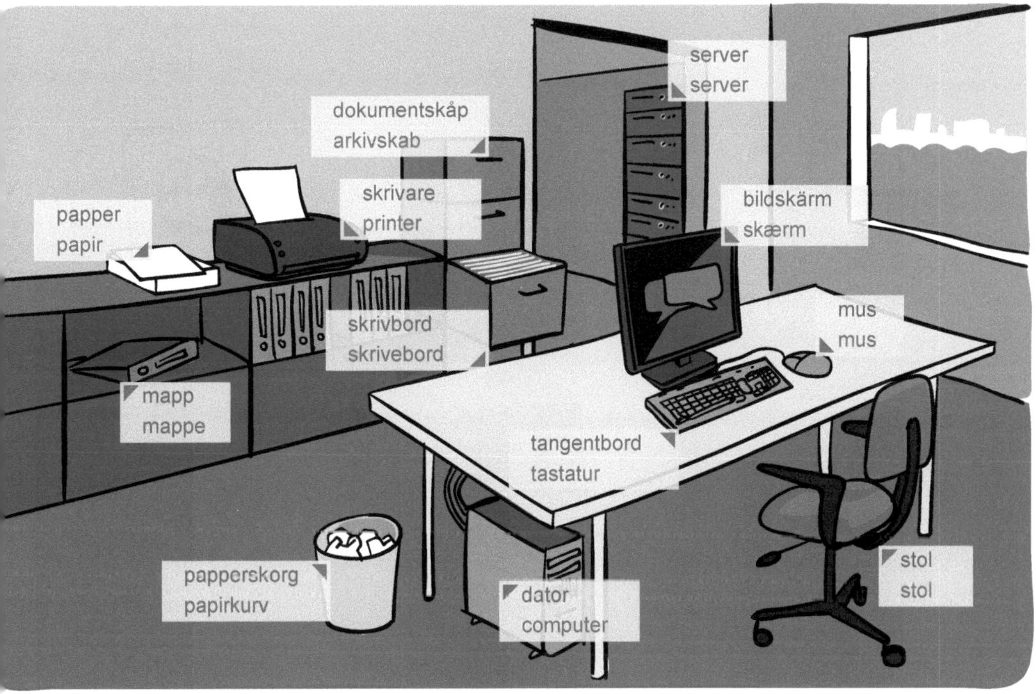
server
server
dokumentskåp
arkivskab
skrivare
printer
papper
papir
bildskärm
skærm
mus
mus
skrivbord
skrivebord
mapp
mappe
tangentbord
tastatur
papperskorg
papirkurv
dator
computer
stol
stol

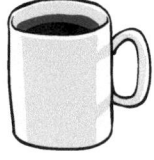

kaffemugg

kaffekrus

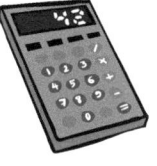

miniräknare

lommeregner

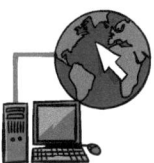

internet

internet

bärbar dator

bærbar

brev

brev

meddelande

besked

mobiltelefon

mobil

nätverk

netværk

kopieringsapparat

kopimaskine

programvara

software

telefon

telefon

vägguttag

stikdåse

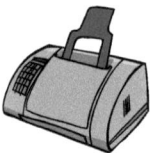

fax

fax

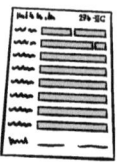

blankett

formular

dokument

dokument

köpa
købe

betala
betale

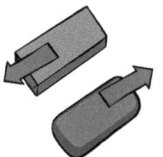

handla
handle

pengar
penge

dollar
dollar

euro
euro

yen
yen

rubel
rubel

schweizisk franc
schweizerfranc

renminbi yan
renminbi yuan

rupie
rupee

bankomat
hæveautomat

växelkontor
vekselkontor

guld
guld

silver
sølv

olja
olie

energi
energi

pris
pris

kontrakt
kontrakt

skatt
skat

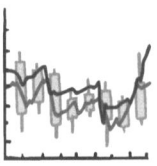

aktie
aktie

arbeta
arbejde

anställd
ansat

arbetsgivare
arbejdsgiver

fabrik
fabrik

affär
butik

yrken
erhverv

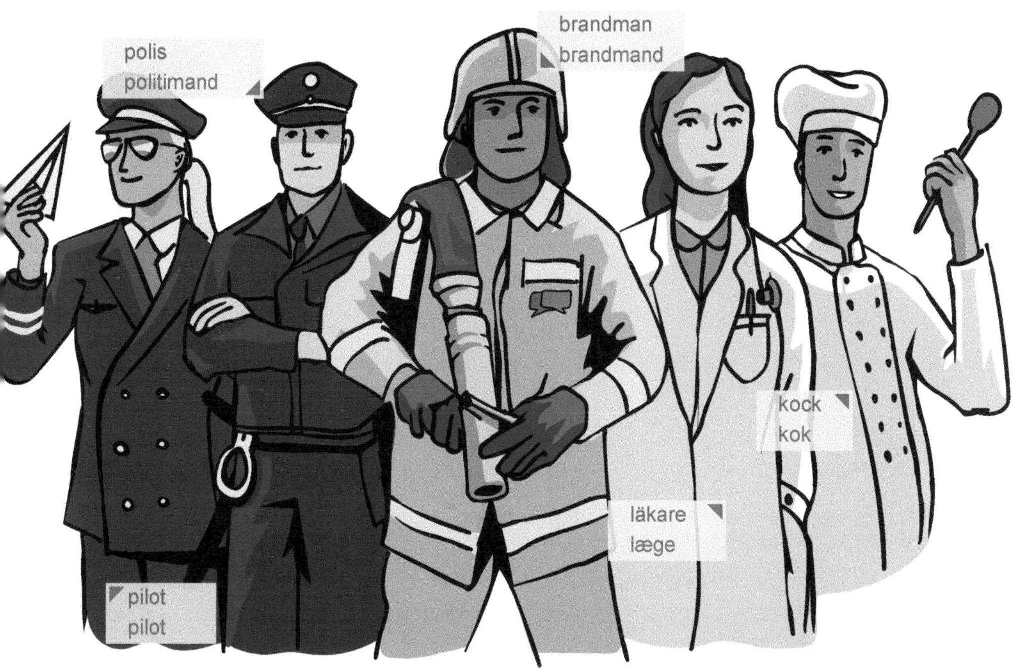
polis
politimand
brandman
brandmand
kock
kok
läkare
læge
pilot
pilot

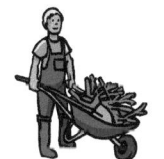

trädgårdsmästare

gartner

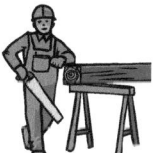

snickare

tømrer

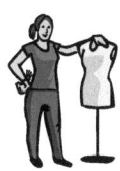

sömmerska

syerske

domare

dommer

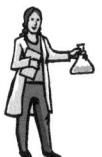

kemist

kemiker

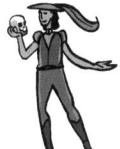

skådespelare

skuespiller

busschaufför

buschauffør

taxichaufför

taxachauffør

fiskare

fisker

städerska

rengøringskone

takläggare

tagdækker

servitör

tjener

jägare

jæger

målare

maler

bagare

bager

elektriker

elektriker

byggarbetare

bygningsarbejder

ingenjör

ingeniør

slaktare

slagter

rörmokare

vvs-mand

brevbärare

postbud

soldat

soldat

arkitekt

arkitekt

kassör

kasserer

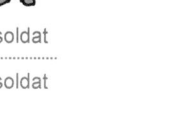

florist

blomsterhandler

frisör

frisør

konduktör

togfører

mekaniker

mekaniker

kapten

kaptajn

tandläkare

tandlæge

vetenskapsman

videnskabsmand

rabbin

rabbiner

imam

imam

munk

munk

präst

præst

verktyg
værktøj

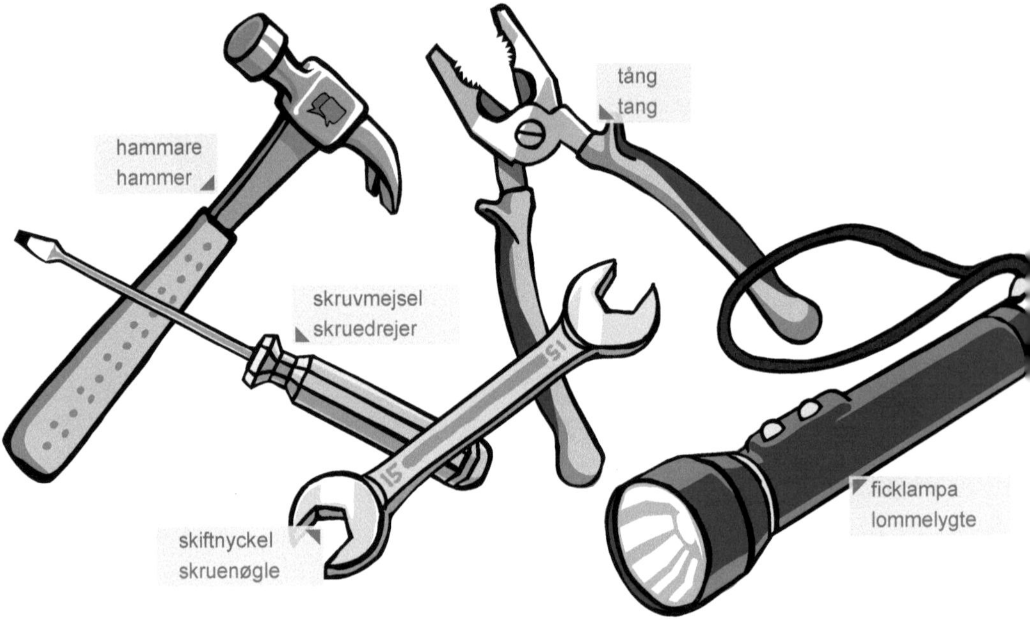
tång
tang
hammare
hammer
skruvmejsel
skruedrejer
skiftnyckel
skruenøgle
ficklampa
lommelygte

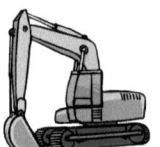

grävmaskin

gravemaskine

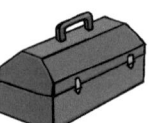

verktygslåda

værktøjskasse

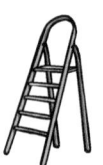

stege

stige

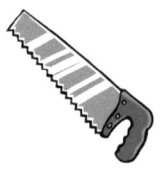

såg

sav

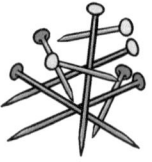

spik

søm

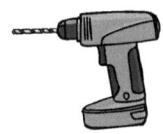

borr

bor

reparera
reparere

spade
skovl

Helvete!
Lort!

sopskyffel
fejebakke

färgburk
malerspand

skruvar
skruer

musikinstrument
musikinstrumenter

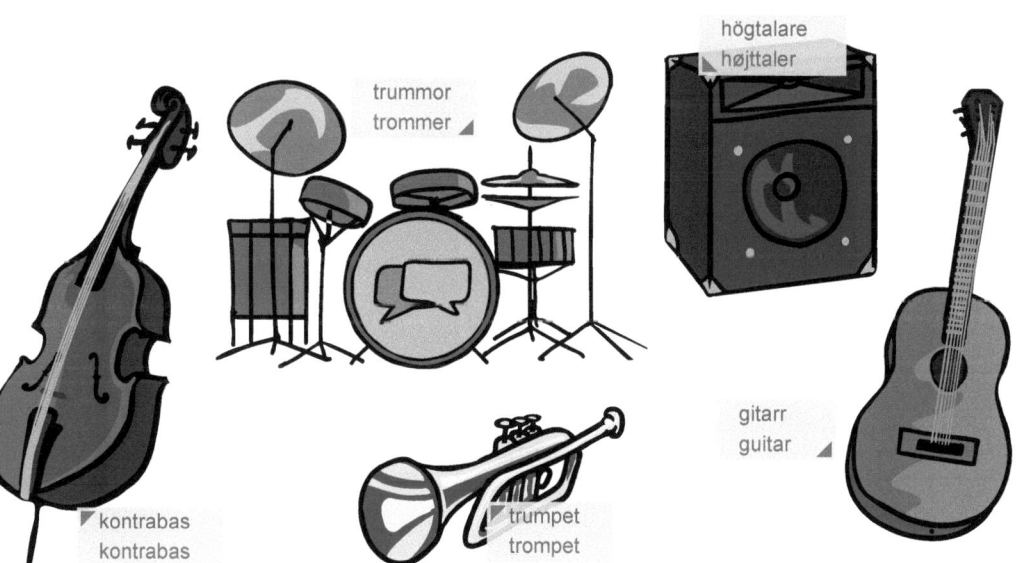

trummor
trommer

högtalare
höjttaler

kontrabas
kontrabas

trumpet
trompet

gitarr
guitar

piano

klaver

violin

violin

bas

bas

timpani

pauke

trumma

tromme

keyboard

keyboard

saxofon

saxofon

flöjt

fløjte

mikrofon

mikrofon

musikinstrument - musikinstrumenter

ZOO

ZOO

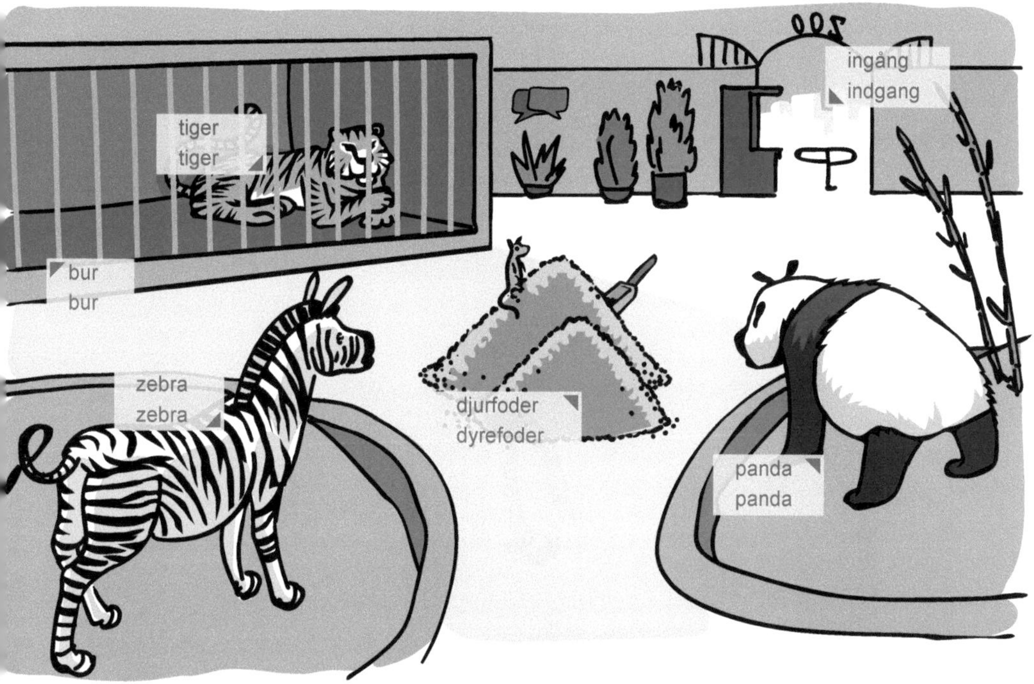
ingång
indgang
tiger
tiger
bur
bur
zebra
zebra
djurfoder
dyrefoder
panda
panda

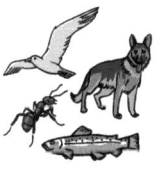

djur

dyr

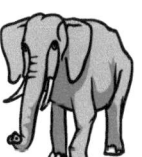

elefant

elefant

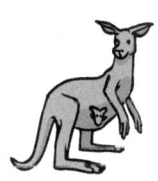

känguru

kænguru

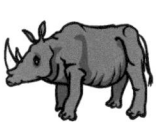

noshörning

næsehorn

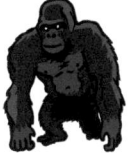

gorilla

gorilla

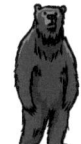

björn

bjørn

kamel
kamel

struts
struds

lejon
løve

apa
abe

flamingo
flamingo

papegoja
papegøje

isbjörn
isbjørn

pingvin
pingvin

haj
haj

påfågel
påfugl

orm
slange

krokodil
krokodille

djurskötare
dyrepasser

säl
sæl

jaguar
jaguar

ponny
pony

leopard
leopard

flodhäst
flodhest

giraff
giraf

örn
ørn

vildsvin
vildsvin

fisk
fisk

sköldpadda
skildpadde

valross
hvalros

räv
ræv

gazell
gazelle

amerikansk fotboll
amerikansk football

cykling
cykling

tennis
tennis

basket
basketball

simning
svømning

boxning
boksning

ishockey
ishockey

fotboll
fodbold

badminton
badminton

friidrott
atletik

handboll
håndbold

skidåkning
skiløb

polo
polo

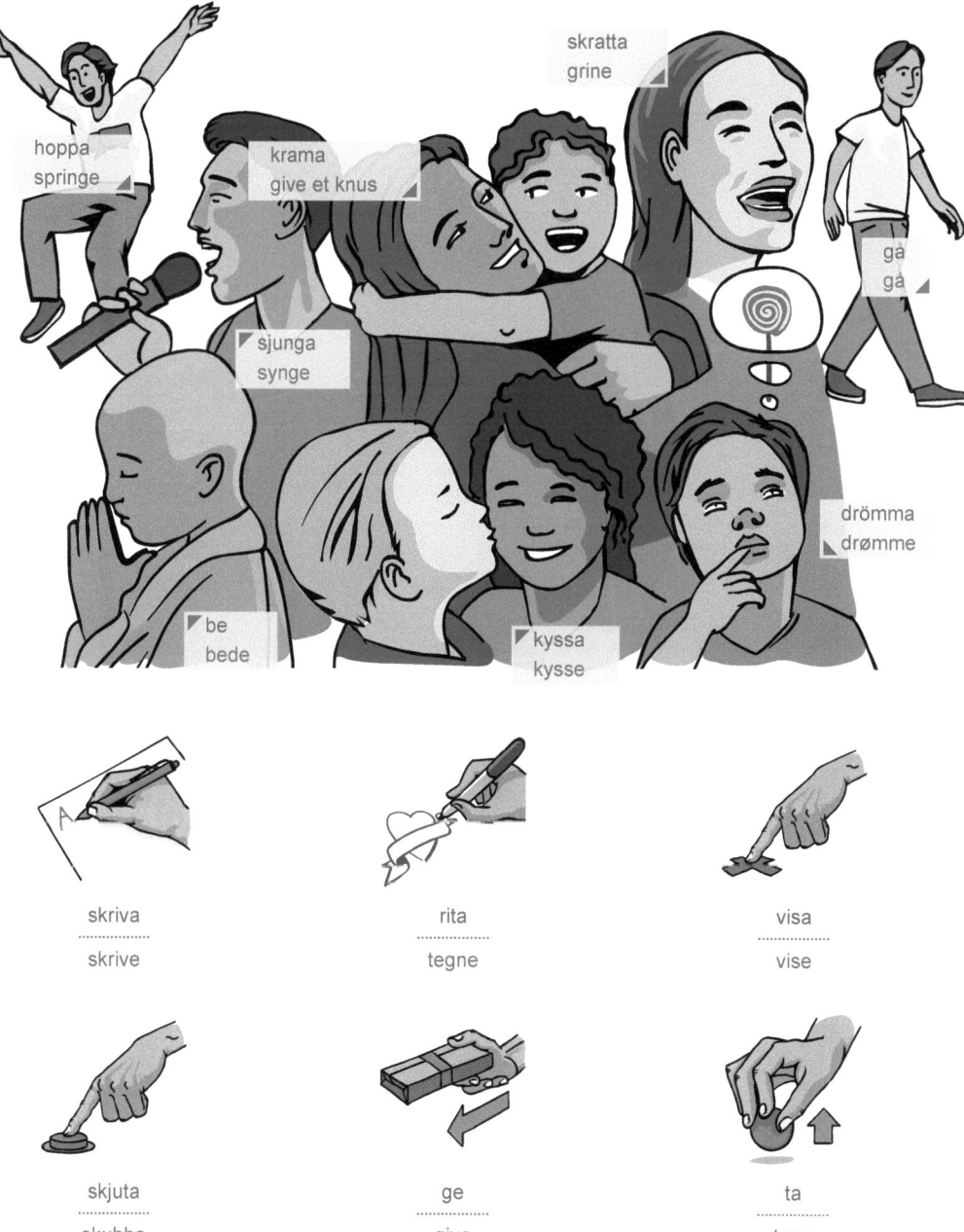

skratta
grine

hoppa
springe

krama
give et knus

gå
gå

sjunga
synge

drömma
drømme

be
bede

kyssa
kysse

skriva
skrive

rita
tegne

visa
vise

skjuta
skubbe

ge
give

ta
tage

hagel
have

göra
gøre

vara
være

stå
stå

springa
løbe

dra
trække

kasta
kaste

falla
falde

ligga
ligge

vänta
vente

bära
bære

sitta
sidde

klä på
tage på

sova
sove

vakna
vågne

se på
se på

gråta
græde

smeka
ae

kamma
kæmme

prata
tale

förstå
forstå

fråga
spørge

höra
høre

dricka
drikke

äta
spise

städa
rydde op

älska
elske

laga mat
koge

köra
køre

flyga
flyve

segla

sejle

räkna

regne

läsa

læse

lära sig

lære

arbeta

arbejde

gifta sig

gifte sig med

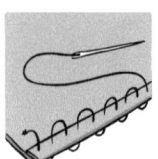

sy

sy

borsta tänderna

børste tænder

döda

dræbe

röka

ryge

skicka

sende

mormor/farmor
bedstemor

morfar/farfar
bedstefar

pappa
far

mamma
mor

baby
baby

dotter
datter

son
søn

gäst
gæst

moster/faster
tante

farbror/morbror
onkel

bror
bror

syster
søster

kropp

krop

panna
pande
öga
øje
skuldra
skulder
finger
finger
ansikte
ansigt
haka
hage
hand
hånd
ben
ben
bröst
bryst
arm
arm

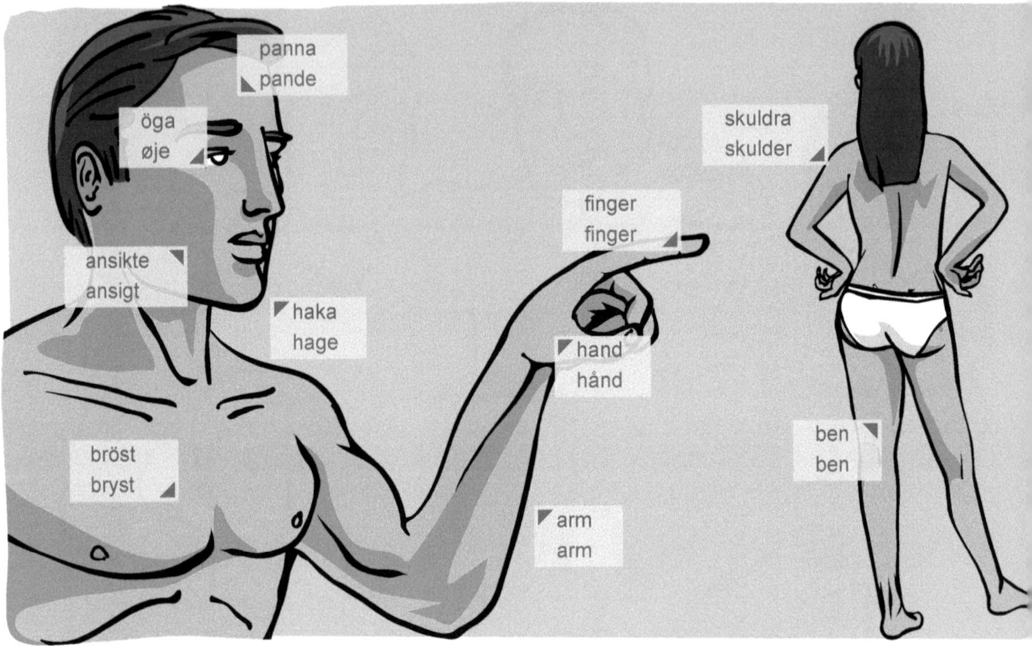

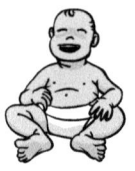

baby

baby

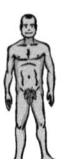

man

mand

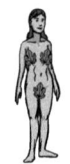

kvinna

kvinde

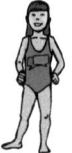

flicka

pige

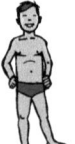

pojke

dreng

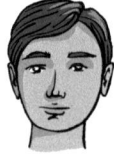

huvud

hoved

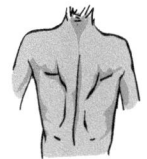

rygg
ryg

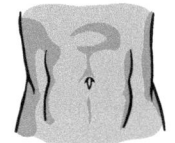

mage
mave

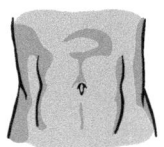

navel
navle

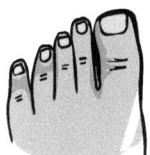

tå
tå

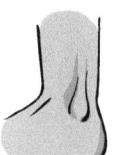

häl
hæl

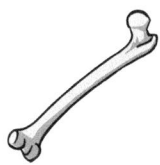

ben
knogle

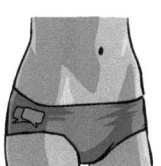

höft
hofte

knä
knæ

armbåge
albue

näsa
næse

stjärt
bagdel

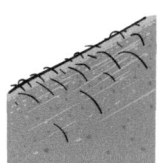

hud
hud

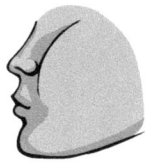

kind
kind

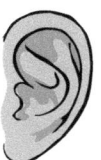

öra
øre

läpp
læbe

mun
mund

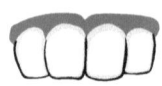

tand
tand

tunga
tunge

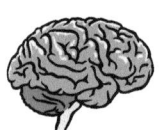

hjärna
hjerne

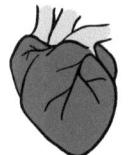

hjärta
hjerte

muskel
muskel

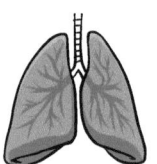

lunga
lunge

lever
lever

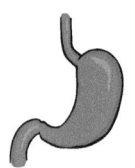

magsäck
mavesæk

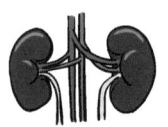

njurar
nyrer

sex
sex

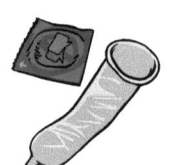

kondom
kondom

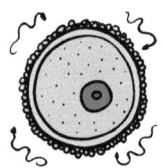

äggcell
ægcelle

sperma
sperm

graviditet
svangerskab

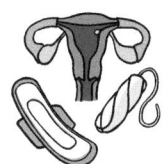

menstruation

menstruation

vagina

vagina

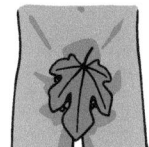

penis

penis

ögonbryn

øjenbryn

hår

hår

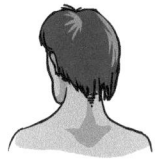

nacke

hals

sjukhus
sygehus

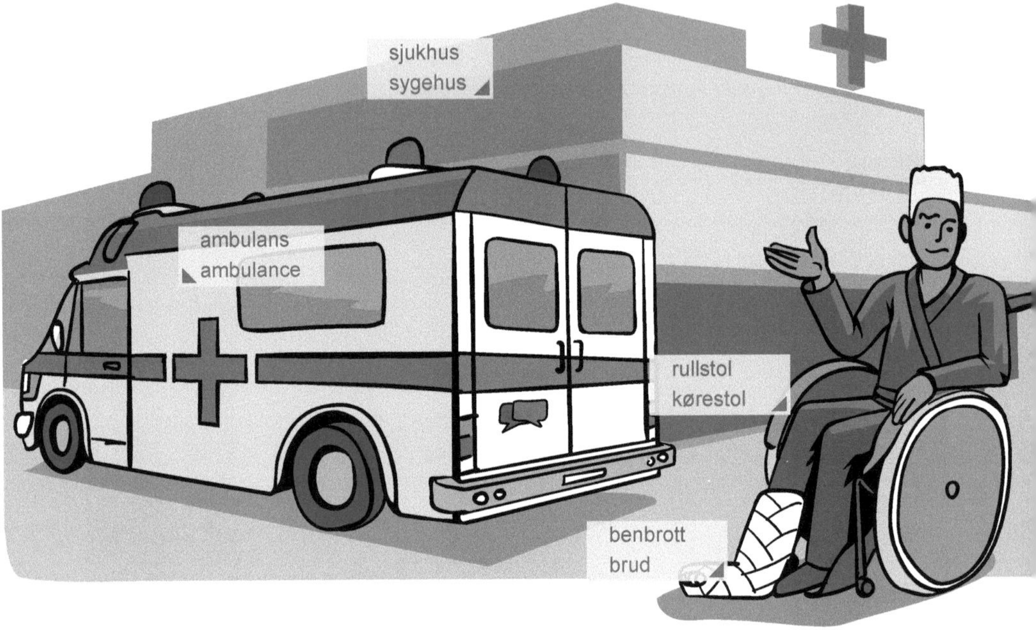

sjukhus
sygehus
ambulans
ambulance
rullstol
kørestol
benbrott
brud

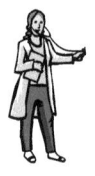

läkare

læge

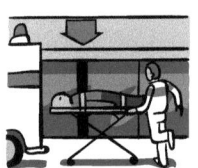

akutmottagning

akutmodtagelse

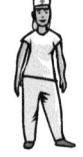

sjuksköterska

sygeplejerske

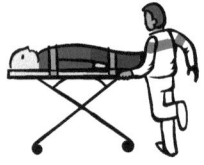

nödsituation

nødstilfælde

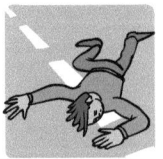

medvetslös

bevidstløs

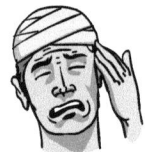

smärta

smerte

skada
skade

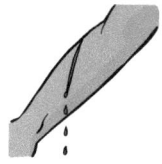

blödning
blødning

hjärtattack
hjerteinfarkt

slaganfall
slagtilfælde

allergi
allergi

hosta
hoste

feber
feber

influensa
influenza

diarré
diarré

huvudvärk
hovedpine

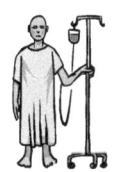

cancer
kræft

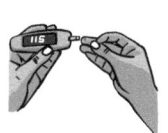

diabetes
diabetes

kirurg
kirurg

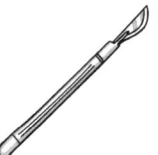

skalpell
skalpel

operation
operation

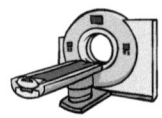

CT
CT

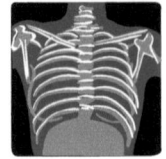

röntgen
røntgen

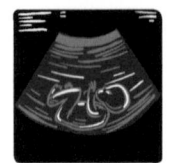

ultraljud
ultralyd

ansiktsmask
maske

sjukdom
sygdom

väntsal
venteværelse

krycka
krykke

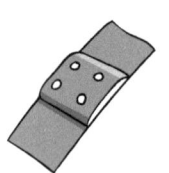

plåster
plaster

bandage
forbinding

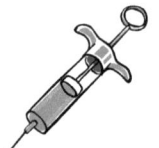

injektion
injektion

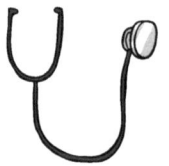

stetoskop
stetoskop

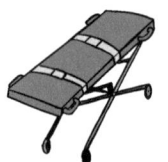

bår
båre

termometer
termometer

födsel
fødsel

övervikt
overvægt

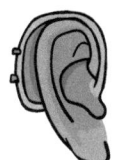

hörapparat

høreapparat

desinfektionsmedel

desinficerende middel

infektion

infektion

virus

virus

HIV / AIDS

HIV / AIDS

medicin

medicin

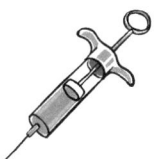

vaccination

vaccination

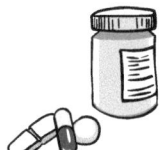

tabletter

tabletter

p-piller

pille

nödsamtal

nødopkald

blodtrycksmätare

blodtryksmåler

sjuk / frisk

syg / rask

Hjälp!

Hjælp!

alarm

alarm

överfall

overfald

misshandel

angreb

fara

fare

nödutgång

nødudgang

Det brinner!

Det brænder!

brandsläckare

ildslukker

olycka

uheld

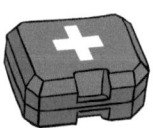

förbandslåda

førstehjælps-kuffert

SOS

SOS

polis

politi

Europa

Europa

Nordamerika

Nordamerika

Sydamerika

Sydamerika

Afrika

Afrika

Asien

Asien

Australien

Australien

Atlanten

Atlanterhavet

Stilla Havet

Stillehavet

Indiska Oceanen

Indiske Ocean

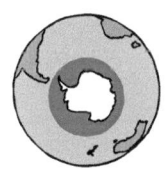

Antarktiska Oceanen

Sydlige Ishav

Arktiska Oceanen

Ishav

Nordpol

Nordpol

Sydpol
Sydpol

Antarktis
Antarktis

Jorden
Jorden

land
land

hav
hav

ö
ø

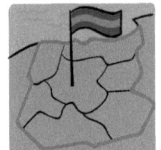

nation
nation

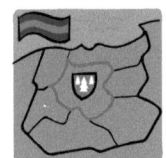

stat
stat

urtavla

urskive

timvisare

timeviser

minutvisare

minutviser

sekundvisare

sekundviser

Vad är klockan?

Hvad er klokken?

dag

dag

tid

tid

nu

nu

digital klocka

digitalur

minut

minut

timme

time

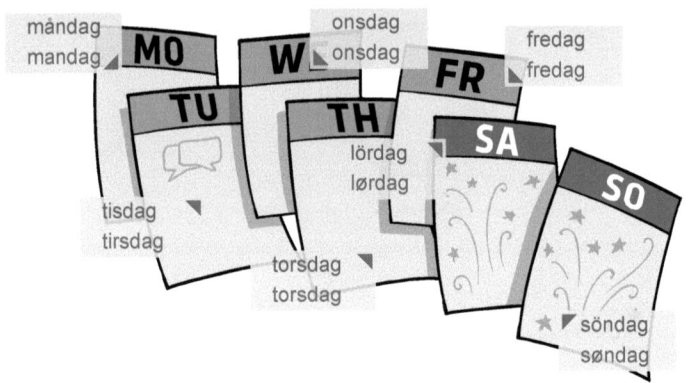

måndag / mandag — MO
tisdag / tirsdag — TU
onsdag / onsdag — W
torsdag / torsdag — TH
fredag / fredag — FR
lördag / lørdag — SA
söndag / søndag — SO

igår
i går

idag
i dag

imorgon
i morgen

morgon
morgen

middag
middag

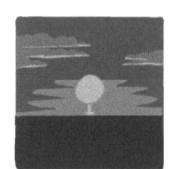

kväll
aften

MO	TU	WE	TH	FR	SA	SU
1	2	3	4	5	6	7
8	9	10	11	12	13	14
15	16	17	18	19	20	21
22	23	24	25	26	27	28
29	30	31	1	2	3	4

vardagar
arbejdedage

MO	TU	WE	TH	FR	SA	SU
1	2	3	4	5	6	7
8	9	10	11	12	13	14
15	16	17	18	19	20	21
22	23	24	25	26	27	28
29	30	31	1	2	3	4

helg
weekend

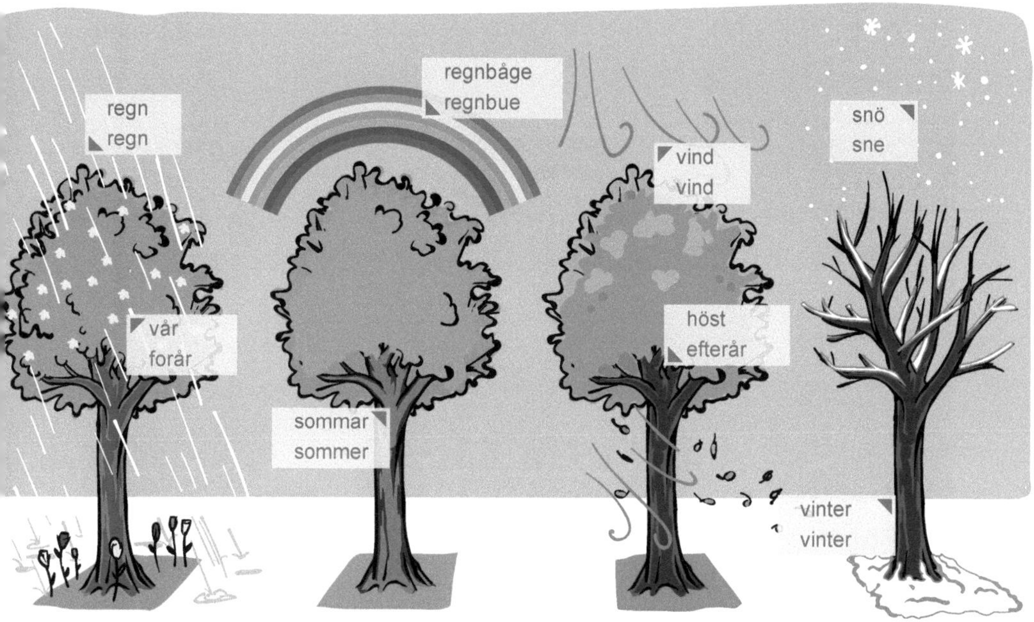

regn
regn
regnbåge
regnbue
snö
sne
vind
vind
vår
forår
höst
efterår
sommar
sommer
vinter
vinter

4.APRIL 11°
5.APRIL 4°
6.APRIL 13°
7.APRIL 8°
8.APRIL 10°

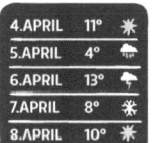

väderprognos

vejrudsigt

F C
120 40
90 30
60 20
30 10
0 0
-30 -10
-20

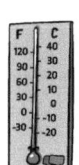

termometer

termometer

solsken

solskin

moln

sky

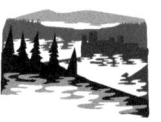

dimma

tåge

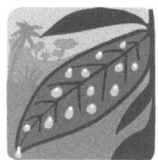

luftfuktighet

luftfugtighed

blixt

lyn

åska

torden

storm

storm

hagel

hagl

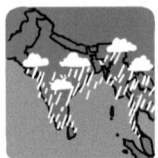

monsun

monsun

översvämning

flod

is

is

januari

januar

februari

februar

mars

marts

april

april

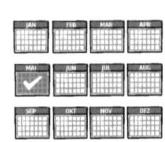

maj

maj

juni

juni

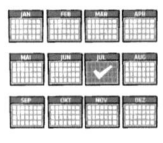

juli

juli

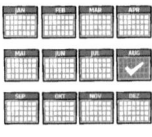

augusti

august

september
september

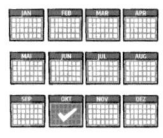

oktober
oktober

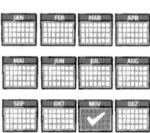

november
november

december
december

former
former

cirkel
cirkel

kvadrat
kvadrat

rektangel
firkant

triangel
trekant

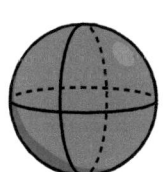

sfär
kugle

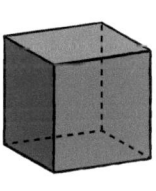

kub
terning

vit
....
hvid

gul
....
gul

orange
....
orange

rosa
....
pink

röd
....
rød

lila
....
lilla

blå
....
blå

grön
....
grøn

brun
....
brun

grå
....
grå

svart
....
sort

mycket / lite

meget / lidt

arg / lugn

rasende / fredelig

vacker / ful

smuk / grim

början / slut

begyndelse / slut

stor / liten

stor / lille

ljus / mörk

lys / mørk

bror / syster

bror / søster

ren / smutsig

ren / snavset

komplett / ofullständig

fuldkommen / ufuldkommen

dag / natt

dag / nat

död / levande

død / levende

bred / smal

bred / smal

ätlig / oätlig
....
spiselig / uspiselig

ond / god
....
vred / venlig

upphetsad / uttråkad
....
ophidset / kedet

tjock / smal
....
tyk / tynd

först / sist
....
først / sidst

vän / fiende
....
ven / fjende

full / tom
....
fuld / tom

hård / mjuk
....
hård / blød

tung / lätt
....
tung / let

hunger / törst
....
sult / tørst

sjuk / frisk
....
syg / rask

olaglig / laglig
....
illegal / legal

intelligent / dum
....
intelligent / dum

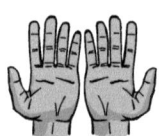

vänster / höger
....
venstre / højre

nära / långt bort
....
nær / fjern

ny / begagnad

ny / brugt

inget / något

intet / noget

gammal / ung

gammel / ung

på / av

tændt / slukket

öppen / stängd

åben / lukket

tyst / högljudd

stille / højt

rik / fattig

rig / fattig

rätt / fel

rigtig / forkert

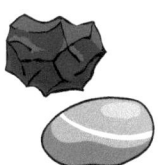

grov / slät

ru / glat

ledsen / glad

ked af det / lykkelig

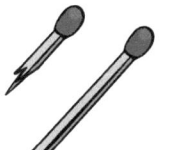

kort / lång

kort / lang

långsam / snabb

langsom / hurtig

våt / torr

våd / tør

varm / sval

varm / kold

krig / fred

krig / fred

0	**1**	**2**
noll	ett	två
nul	en	to

3	**4**	**5**
tre	fyra	fem
tre	fire	fem

6	**7**	**8**
sex	sju	åtta
seks	syv	otte

9	**10**	**11**
nio	tio	elva
ni	ti	elleve

12

tolv

tolv

13

tretton

tretten

14

fjorton

fjorten

15

femton

femten

16

sexton

seksten

17

sjutton

sytten

18

arton

atten

19

nitton

nitten

20

tjugo

tyve

100

hundra

hundrede

1.000

tusen

tusinde

1.000.000

miljon

million

engelska

engelsk

amerikansk engelska

amerikansk engelsk

kinesisk mandarin

kinesisk mandarin

hindi

hindi

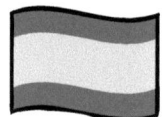

spanska

spansk

franska

fransk

arabiska

arabisk

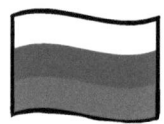

ryska

russisk

portugisiska

portugisisk

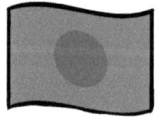

bengali

bengalsk

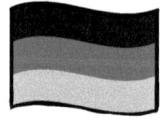

tyska

tysk

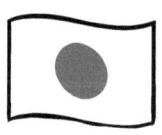

japanska

japansk

jag

jeg

du

du

han / hon / den (det)

han / hun / den / det

vi

vi

ni

I

de

de

vem?

hvem?

vad?

hvad?

hur?

hvordan?

var?

hvor?

när?

hvornår?

namn

navn

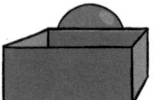

bakom
....
bag

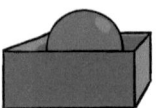

i
....
i

framför
....
foran

över
....
over

på
....
på

under
....
under

bredvid
....
ved siden af

mellan
....
imellem

plats
....
sted